LES

PRINCIPALES ARTILLERIES

DE L'EUROPE

D'APRÈS LA COMMISSION SPÉCIALE DES ÉTATS-UNIS

(1882-1884)

PAR LE LIEUTENANT-COLONEL

R. DE LA ROCQUE

DE L'ARTILLERIE DE LA MARINE

PARIS

LIBRAIRIE MILITAIRE DE L. BAUDOIN ET Cie

LIBRAIRES-ÉDITEURS

30, Rue et Passage Dauphine, 30

1885

EXTRAITS DU MÉMORIAL DE L'ARTILLERIE DE LA MARINE

LES
PRINCIPALES ARTILLERIES

DE L'EUROPE

D'APRÈS LA COMMISSION SPÉCIALE DES ÉTATS-UNIS

(1882-1884)

PAR LE LIEUTENANT-COLONEL

R. DE LA ROCQUE,

DE L'ARTILLERIE DE LA MARINE

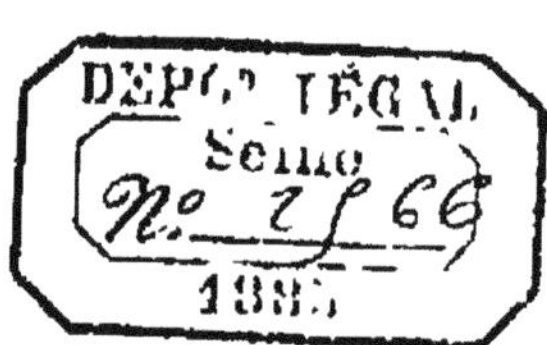

PARIS

LIBRAIRIE MILITAIRE DE L. BAUDOIN ET Cⁱᵉ

LIBRAIRES-ÉDITEURS

30, Rue et Passage Dauphine, 30

1885

LES

PRINCIPALES ARTILLERIES

DE L'EUROPE

D'APRÈS LA COMMISSION SPÉCIALE DES ÉTATS-UNIS

(1882-1884).

PAR LE LIEUTENANT-COLONEL

R. DE LA ROCQUE,

DE L'ARTILLERIE DE LA MARINE.

A la suite d'une enquête minutieuse et de longue durée, le Congrès reconnut que tout le matériel d'artillerie des États-Unis devait être renouvelé, et que ni les renseignements, ni les ressources qu'offraient les services publics et l'industrie nationale, n'étaient suffisants pour accomplir cette importante opération. Il décida, par suite, qu'une commission spéciale irait étudier en Europe le matériel existant, ou en cours d'exécution, les moyens de production et l'organisation des principales artilleries.

Les *Proceedings of the United States, naval institute* (vol. X) ont donné un long travail du lieutenant Jacques, U. S. N., sous le titre : *The establishment of Steel gun factories in the United States* dans lequel les résultats les plus importants des recherches de cette commission sont relatés et examinés. Daté de 1884, ce document a une véritable actualité; il abonde en renseignements instructifs ; nous en avons extrait, analysé et commenté quelques passages, de manière à faire ressortir, en les rapprochant, les appréciations auxquelles les artilleries anglaise, française, allemande et russe ont donné lieu, sous divers points de vue, de la part de juges essentiellement impartiaux.

CHAPITRE PREMIER.

ORGANISATION DU SERVICE DE L'ARTILLERIE.

§ 1er. — ANGLETERRE.

« Jusque vers l'année 1859, l'arsenal royal de Woolwich était l'unique source de l'armement de l'Angleterre. C'était un établissement gouvernemental où étaient réunis plusieurs services différents.

« Le service de la fabrication des canons était entièrement sous la direction des officiers de l'Artillerie royale, qui construisaient tous les canons de l'armée et de la flotte.

« Depuis 1859, les ateliers d'Elswick et de Newcastle-Tyne ont été les principales sources où le gouvernement a pris ses bouches à feu. C'est un exemple sur lequel on peut juger des effets de la liaison (*connection*) de l'État avec les établissements de l'industrie privée.

« Cette liaison date de l'introduction des premiers canons rayés. »

Le *Mémorial*, tome I, 1873, a rendu compte sommairement des essais comparatifs à la suite desquels la maison Armstrong obtint la préférence sur ses rivaux, parmi lesquels était Withworth. On se demande, à la lecture des documents de cette époque, comment l'écrasante supériorité de ce dernier put être méconnue.

Quoi qu'il en soit, et comme on était pressé de se

procurer des canons rayés du modèle Armstrong, on entra immédiatement en arrangement avec Elswick, pour la fourniture des bouches à feu et des projectiles.

« Le gouvernement garantit la compagnie contre toutes les pertes pouvant résulter de la construction des bâtiments et de l'outillage ; il s'engagea à lui faire assez de commandes pour lui assurer du travail, mais il se réserva le droit de se libérer de son engagement par le payement d'une indemnité. Les nécessités du service ayant réclamé un nombre de canons plus grand que celui qu'on avait prévu d'abord, la première garantie fut portée successivement de 1,250,000 francs à 1,500,000 francs, et enfin à 2,125,000 francs.

« M. Armstrong fut nommé ingénieur de l'artillerie et directeur des fonderies de canons, le 4 novembre 1859 ; il conserva jusqu'en février 1862 ce poste qui était, pour la première fois, occupé par un civil. En septembre 1859, le canon de 40 livres fut adopté pour la flotte ; les tracés du canon de 110 livres furent également approuvés, et *on construisit 100 de ces canons avant qu'aucune expérience eût été faite sur eux* : ils furent adoptés pour satisfaire à des besoins pressants, et par la seule raison qu'on avait confiance dans le système Armstrong ; ils étaient construits d'après le modèle de l'inventeur, en vue d'obtenir un canon aussi puissant que possible, dans des limites déterminées de poids et de longueur.

« Bien que M. Armstrong fût satisfait de tout, sauf de la lumière, les rapports d'inspection et d'épreuves signalèrent la faiblesse marquée, sinon dangereuse, de la construction et du métal des coils.

« Les canons furent éprouvés à des charges variant de 25 à 27 livres 1/2 ($11^k,340$ à $12^k,474$), la charge réglementaire étant de 11 à 14 livres. Des quatre canons essayés, trois présentèrent une séparation extérieure entre la frette-tourillons et le *coil* placé en arrière ; cette séparation n'existait qu'à la partie supérieure et les canons étaient arqués. Le quatrième canon présenta une séparation sur tout son pourtour, mais elle était moins large.

« Dans tous, il y eut élargissement du logement du projectile et d'une partie de la chambre à poudre, et allongement de l'âme. L'aspect des canons indiquait, dans le logement du projectile et en arrière, une pression supérieure à celle que la résistance du métal était capable de maîtriser. »

« Le gouvernement resta néanmoins attaché au système Armstrong ; il en fit poursuivre la construction à Woolwich et à l'usine privée d'Elswick. Toutefois, les dépenses énormes ayant attiré l'attention, une commission fut chargée de les examiner de près, et, en 1863, le contrat passé avec Elswick fut rompu par le gouvernement, qui concentra à Woolwich toutes ses fabrications ; il paya la garantie stipulée, moins la somme de 475,000 francs, valeur, purement nominale, de l'outillage et des installations. La commission indiqua dans son rapport que l'usine d'Elswick avait touché les sommes suivantes :

Pour fournitures à la marine. . .	24,127,625 fr.
Comme indemnité, lors de la rupture du contrat (avec la déduction indiquée plus haut). . . .	1,625,000
Pour fournitures à la guerre. . .	925,575
Total.	26,678,200

« Pendant la même période, il fut dépensé à Woolwich, pour les canons Armstrong, munitions et affûts, la somme de 36,793,625 francs.

« Il résulte d'un état dressé par les soins du ministère de la guerre, que les prix d'Elswick ont été à peu près doubles de ceux de Woolwich.

« Les résultats du contrat du gouvernement avec la compagnie d'Elswick ont donc été les suivants :

« La compagnie est devenue propriétaire des installations et de l'outillage acquis aux frais de l'État ; elle a reçu du gouvernement une indemnité de 1,625,000 francs quand celui-ci a rompu son contrat, et le gouvernement a payé un prix exagéré pour tout ce qu'il a commandé. »

En outre, le système Armstrong, tant prôné, est aujourd'hui abandonné et sévèrement jugé.

Cet exemple de l'assujettissement d'un service, essentiellement militaire, à l'industrie et à un ingénieur civil ne saurait être trop médité. Plus d'un Français, soi-disant compétent, n'a-t-il pas, à une certaine époque, rêvé pour son pays quelque chose à l'image de cette organisation industrielle qui faisait naître si rapidement les plus gros canons du monde !

§ 2. — FRANCE.

« Avant la guerre franco-allemande de 1870-71, on avait pour règle, en France, de confier exclusivement au corps de l'artillerie tout ce qui regarde la construction des canons ; on ne demandait ni on ne supportait aucune aide des particuliers.

« Un secret absolu était de rigueur pour tous les objets de l'armement.

« Il fallait la permission du gouvernement pour entrer dans les fonderies, et l'accès de la Commission de Gavre était interdit, sauf de très rares exceptions.

« Pour les besoins de l'armée de terre, Bourges, Puteaux(?) et Tarbes(?) ; pour les besoins de la marine, Ruelle et Nevers, suffisaient à toutes les demandes.

« La guerre de 1870 montra que les corps fermés ne pouvaient pas travailler de façon à sauvegarder les intérêts de l'État, et, après cette guerre, un changement complet se fit dans les idées gouvernementales, lorsqu'il fallut reconstituer l'armement.

« On reconnut que l'État devait avoir sous sa direction quelques établissements à lui, mais que, pour obtenir les (*contingencies*) accessoires et matières, et pour ne pas être exposé à rester dans l'ornière, il fallait s'adresser aux

particuliers, et exciter ainsi une émulation, une con-
currence, qui feraient naître des idées et des inventions.
Cette manière de procéder devenait indispensable par
suite de l'adoption de l'acier comme métal à canons.

« Une fois admise, elle fut maintenue avec fermeté ;
elle eut pour résultats la création, ou le développement
d'un grand nombre d'usines privées.....

« Pour revenir à ce qui a été dit plus haut, il faut indi-
quer comment l'établissement de Ruelle et l'industrie con-
courent à la production d'un canon. Celle-ci supporte une
part raisonnable des frais de première installation et le
gouvernement, prenant aussi sa part du travail, se réserve en définitive les charges les plus lourdes dans la
production des canons des plus grands poids.

« Il semble que c'est en France qu'on a trouvé la plus
heureuse combinaison pour associer l'Etat et l'industrie à
une œuvre nationale.

« Dans la pratique, il est indispensable qu'il y ait des
garanties réciproques empêchant l'une des parties d'im-
poser ses conditions. Les faits prouvent que ces garanties
salutaires existent en France.

« Il y a quelque temps, en vue de la fabrication de
300 nouveaux canons, le gouvernement décida que des
épreuves nouvelles seraient imposées au métal des tubes.
Les fabricants d'acier résistaient, déclarant ces épreuves
trop dures, et demandaient qu'on s'en tînt aux anciennes ;
le gouvernement ne céda pas. Trouvant les industriels
français obstinés dans leur décision, il fit des recherches
à l'étranger et promit la commande à un établissement
qui se déclarait en mesure de fournir le métal requis. Les
industriels français firent en vain tous leurs efforts pour
empêcher que la commande fût faite à l'étranger ; re-
poussés, ils offrirent d'accepter les conditions de la Marine,
ce fut en vain, on était engagé et la commande fut perdue
pour l'industrie française (*).

(*) Le fait est exact ; il s'agit d'une commande, pour l'artillerie
de la marine, qui a été donnée à la maison anglaise *Firth and Sons*

Il n'est pas inutile de faire observer, après ces citations de notre auteur, que l'origine de la situation présentée par lui comme datant de 1871, et objet de son admiration, se perd dans la nuit des temps.

La commission des États-Unis a été, d'ailleurs, l'écho de l'opinion publique française, désireuse de trouver à nos désastres, en dehors de la vérité qui incriminait tout le monde, une foule de petites causes à éparpiller sur les corps et les divers services militaires.

Sans aller bien loin et sans parler de ce qui concerne le département de la guerre, nous citerons quelques exemples entre mille : les essais des premiers canons rayés de M. Delvigne, étranger à l'artillerie, essais qui ont été exécutés à Gavre, de 1844 à 1851, sur les indications de cet inventeur ; les canons Parssons, Armstrong, les poudres Melssens et de Wetteren, essayés à Gavre avant l'année 1870, sur la proposition de personnages de toute nationalité ; les appels à l'industrie privée, pour la fourniture des fontes de première fusion, des aciers pour frettes, tubes, corps de canons, n'ont pas commencé en 1871. On a demandé depuis longtemps, en France, à l'industrie tout ce qu'elle pouvait donner, on l'a invitée, poussée, à faire, au jour le jour, de mieux en mieux ; mais elle a dû s'habituer à travailler pour l'artillerie, sans compromettre, à son profit, les intérêts de l'État.

Enfin, nous ne saurions, avec la commission américaine, déplorer que la réserve et le secret sur notre armement et nos expériences fussent autrefois de rigueur vis-à-vis de l'industrie et des étrangers ; la publicité sans limites, qui a beaucoup de partisans aujourd'hui dans le monde, nous paraît ruineuse pour les peuples en général, et particulièrement funeste à la nation la plus laborieuse, la plus fertile en idées pratiques, en officiers instruits et désintéressés. Cette publicité aura, par contre, l'avantage de faire progresser l'artillerie, considérée comme un art universel et international. Tous les peuples contribueront à ces progrès par des dépenses énormes d'intelligence et d'argent, sans aucun profit particulier pour aucun. Les changements incessants, les progrès auxquels personne ne pourra se refuser, seront fort onéreux pour les nations, mais rendront très riches et très célèbres quelques industriels et un petit nombre d'inventeurs.

L'artillerie, essentiellement militaire, de la France, dès les temps les plus reculés, sous l'impulsion de chefs militaires, *grands-maîtres*, comme Vallière, en 1732, et Gribeauval, en 1765, a tenu son matériel au premier rang, en Europe. Elle n'est pas déchue pendant notre siècle, dont tant d'années (1827, 1828, 1829, 1839, 1840, 1847, 1853, 1855, 1858, 1859, 1864, 1870) ont prêté leur nom à des canons nouveaux (Marine et Guerre), parmi lesquels les premiers canons rayés qui, en état de tirer, ont paru sur les navires et sur les champs de bataille. Ne cessant pas de demander les matières premières et dégrossies, et les objets accessoires, de fabrication courante, à l'industrie, l'artillerie française a donc prouvé après 1871, comme avant cette date, qu'elle est en état de fournir des chefs militaires, qui, sachant pourquoi on fait les canons, et comment on s'en sert, sont capables d'en construire de bons, en réduisant autant que possible les depenses de l'État. C'est à leur compétence et à leur énergie qu'a été due l'action indépendante de l'État, pour les travaux de l'artillerie de la marine, en particulier.

§ 3. — Allemagne.

« *Parmi les établissements que la commission désirait visiter en Europe, se trouvait le fameux établissement de M. Fried. Krupp, à Essen, en Westphalie ; et, comme dans tous les cas où on se proposait de visiter des ateliers privés, une lettre avait été adressée à M. Krupp par l'intermédiaire de son agent à Londres, pour demander la permission nécessaire.*

« *La permission fut refusée.* »

« La correspondance suivante, relative à cette demande, sera intéressante, non seulement parce qu'elle contient les raisons du refus de M. Krupp, mais parce qu'elle montre le constant et naturel désir de cet industriel de ne pas perdre une occasion de glorifier la puissance de ses canons, et de cacher, autant que possible, ses procédés et son système de fabrication. »

Ici, le lieutenant Jacques reproduit *in extenso* toutes les lettres échangées ; nous en extrairons seulement quelques passages caractéristiques :

« *Du président de la commission à M. Fr. Krupp.*

....De notre conversation préliminaire de ce matin, il suit que vous posez la question préalable que voici : *Doit-il résulter de la visite des ateliers quelque profit pour l'usine par des commandes de matériel? Sinon, la demande sera refusée.*

« En répondant à cette question, je désire établir que, bien que la commission n'ait aucun titre pour engager le gouvernement des États-Unis, cependant elle peut faire à son gré des recommandations.

« Les membres de la commission se rendent bien compte des énormes dépenses que nécessitera la création d'une manufacture de canons, du temps qu'il faudra pour la mise en fabrication ; et si le Congrès était amené à se procurer en bloc le matériel indispensable, il est probable que la commission aurait à faire ces achats à l'étranger.

« Naturellement, les résultats de l'examen de la fabrication de l'acier, des canons et des munitions, dans les ateliers de M. Krupp, exerceraient une grande influence sur nos recommandations.

« Si ces vues, au sujet des profits éventuels de votre établissement, vous satisfaisaient, je serais fort aise de l'apprendre de vous, et je vous prierais de me le faire savoir officiellement, en m'autorisant à visiter vos ateliers. »

SIMPSON, Commodore, U. S. N., président de la commission.

De Fr. Krupp au président (13 août 1883). — « *Sir :* Je ne suis pas en mesure de répondre à votre lettre du

30 juillet 1883, qui a été présentée à ma *Société d'Essen*, mais je vous soumets ce qui suit :

« Il me semble que votre commission a à examiner le matériel d'artillerie, au point de vue de l'efficacité qui le caractérise, plutôt qu'au point de vue de la fabrication ; par suite, il ne paraît pas nécessaire que vous visitiez les ateliers d'Essen, où vous ne trouverez aucune donnée sur la valeur des pièces de l'artillerie Krupp.

« Il serait d'un plus grand intérêt d'aller, au polygone de Meppen, assister à des tirs de canons de divers calibres, pour y juger de leurs propriétés balistiques.

« *Les ateliers d'Essen ne peuvent être vus, ils sont fermés à ceux mêmes qui sont chargés spécialement de l'inspection du matériel de guerre, en cours de fabrication.*

FRÉD. KRUPP.

Nous ne reproduirons pas les longues lettres de M. Krupp, invitant la Commission, avec insistance, à être témoin des prodiges de l'artillerie de son système, la Commission s'y refusa absolument ; elle ne se laissa même pas tenter par le menu du programme préparé en son honneur.

Les réserves de M. Krupp (surtout à l'égard d'une nation étrangère) nous paraissent excellentes. Les compliments les plus flatteurs, sur des procédés d'atelier, valent-ils mieux que les bénéfices d'un secret bien gardé et adroitement exploité ? Krupp, d'accord avec Ésope et La Fontaine, dit : non.

« De ce qui précède, il résulte que la commission ne peut rien dire d'après ses observations personnelles ; toutefois on peut accepter et tirer profit, à un point de vue général, des données suivantes :

« A l'exception de la petite usine de Spandau, près de Berlin, où sont fabriqués quelques canons, jusqu'au calibre de 15 cent., et quelques mortiers rayés, la source à laquelle l'artillerie allemande puise ses canons est l'établissement Krupp.

« Le gouvernement n'en a pas la direction ; il dépend,

par conséquent, d'un établissement privé. En raison de l'immense développement de ses moyens de production et avec l'appui de l'État, cet établissement a, depuis plusieurs années, obtenu le monopole de la fabrication des canons pour l'Allemagne, et il a été en état de fournir à plusieurs autres nations, notamment à la Russie. »

§ 4. — Russie.

« La commission des États-Unis a été accueillie par les autorités de la fonderie d'Aboukhoff, avec les excellents procédés qu'a toujours eus le gouvernement russe à l'égard des citoyens des États-Unis.

« L'artillerie russe a été un des clients les plus importants de la maison Krupp, mais, après avoir adopté le système Krupp, elle a fini par faire, elle-même, ses bouches à feu.

« L'organisation adoptée consiste à associer l'action du gouvernement à celle d'une compagnie.

« La grande usine d'acier d'Aboukhoff, près de Saint-Pétersbourg, a été choisie pour être l'associée du gouvernement qui est propriétaire d'un tiers du capital. L'État est représenté dans la direction ; les ateliers sont entre les mains du ministre de la marine, et l'amiral Kolokoltzoff est l'administrateur en chef ou surintendant. Au début de l'association, le gouvernement a largement contribué à accroître l'usine, en fournissant les machines convenables pour les travaux, et il apporte encore de temps en temps des secours très *substantiels*.

« Le fond de cet arrangement est composé de pièces ajoutées pour obtenir un résultat qui justifie le moyen employé ; mais, évidemment, il eût beaucoup mieux valu, pour l'État, qu'il prît la direction des travaux.

« Le Gouvernement compte, paraît-il, bientôt prendre les deux tiers du capital ; on pense que, quand cela sera fait, il aura ses canons à meilleur marché.

« On admet généralement que le matériel, produit avec ce système d'association, coûte fort cher, mais qu'il est de première qualité et meilleur que tout ce qu'on aurait pu avoir autrement, avec moins de dépense.

« Les résultats donnés par cette combinaison en Russie, comme en Angleterre, montrent que le gouvernement y est toujours en perte.

« L'idée d'augmenter la partie du capital dont il est propriétaire prouve que le gouvernement s'achemine vers la possession du tout. On est en droit d'en conclure que l'on s'est aperçu de la faute commise, en adoptant au début un arrangement de ce genre. Cet exemple de la Russie n'est donc pas de nature à encourager notre pays à le suivre. »

§ 5. — Résumé et conclusions.

Voici les conclusions que la commission a présentées à la suite de ses investigations :

« Les exemples que l'Angleterre et la Russie fournissent de l'association de l'État avec une industrie privée sont très instructifs, et doivent détourner de ce système.

« En Angleterre, le gouvernement a payé le matériel qui lui a été livré à des prix exagérés et, par-dessus le marché, il a dû donner, pour se libérer, une indemnité de 1,625,000 francs ; en outre, la compagnie est devenue propriétaire de l'outillage, après une évaluation purement nominale.

« En Russie, l'État a mêlé son capital à celui d'une compagnie, et a payé, à des prix exorbitants, ce qu'on lui a fourni (*).

« L'Allemagne présente un exemple de l'État sous la dépendance complète d'une compagnie. Les ateliers de Krupp sont, en réalité, la seule source où l'Allemagne prenne son artillerie. Le gouvernement est, dans ce cas, l'esclave d'une compagnie, dont il subit tous les caprices,

---

(*) Le prix des canons en fonte, frettés, fabriqués en Russie, pour essai, fut de 6 francs le kilog. environ. — En France, les bouches à feu, de même espèce, coûtaient environ 0 fr. 90 à la Marine.

toutes les convenances. Une pareille situation n'est pas enviable, elle peut causer de graves embarras. La commission tient de bonne source que, il y a onze ans, les officiers d'artillerie, révoltés d'un pareil asservissement, *very restive under this load,* firent *sans succès* les plus grands efforts pour s'y soustraire. On peut hardiment supposer qu'avec le temps l'irritation s'est calmée.

« Avant la guerre franco-allemande, la France fournissait un exemple parfait d'un gouvernement ne dépendant que de ses propres ateliers. Avant cette époque, les fonderies du gouvernement étaient la seule source où l'on puisait le matériel d'artillerie ; les officiers chargés de ce service formaient une *corporation fermée ;* leurs travaux n'étaient jamais connus du public ; leurs idées ne subissaient pas la critique ; l'ingéniosité et les dispositions inventives du pays étaient ignorées ou contrariées ; rien n'était prévu pour le cas où un réarmement serait nécessaire. Le résultat est bien connu ; une grande crise survint ; les ateliers du gouvernement ne furent pas en état de fournir aux demandes qui leur étaient faites, et les ateliers de l'industrie furent hors d'état de produire le matériel dont on avait besoin. La France a complètement modifié son système, comme on l'a vu plus haut ; ce qui a été adopté est théoriquement parfait, et la pratique en a montré l'excellence. Les établissements de l'État sont conservés, mais ne sont que des *fabriques* (*factories*) de canons, dans lesquelles les diverses parties de la bouche à feu sont ajustées, assemblées ; ce ne sont plus des *fonderies* (*foundries*); ils dépendent des usines de l'industrie, et quelques-uns des établissements privés ont même trouvé profit à établir des ateliers d'usinage de canons, pour venir en aide aux ateliers de l'État (*).

(*) On l'a dit ci-dessus, la situation, présentée comme nouvelle, est fort ancienne (sauf en ce qui concerne l'usinage des canons à l'industrie ; sur ce point il y a véritablement innovation). Les hauts fourneaux de Ruelle, Saint-Gervais, etc., sont éteints depuis de longues années. L'État n'a jamais essayé (a-t-il eu raison ?) de faire de l'acier à canon.

« Les conclusions de la commission sont déduites de ce résumé historique. *Le modèle à suivre est en France ; quand on inaugurera la fabrication des canons, c'est d'après ce qui a été fait en France qu'on devra s'organiser.*

« La commission est maintenant en état de donner son avis sur les propositions contenues dans le rapport présenté au congrès.

« La première était ainsi conçue :

« *Le Gouvernement devrait aider les usines d'acier de la contrée, en leur donnant les moyens de compléter leur outillage pour fabriquer des canons.*

« L'adoption de cette proposition mettrait le Gouvernement dans les embarras où se trouve la Russie, et qui ont été si coûteux pour l'Angleterre associée à la compagnie d'Elswick. La commission est contraire à toute association.

« La deuxième proposition était présentée comme suit :

Le Gouvernement devrait prendre des engagements assez considérables pour permettre aux usines d'acier de lui fournir des canons terminés, sans aucune intervention de sa part.

« Cette proposition adoptée, le Gouvernement se trouverait, au détriment d'un service public, dans la dépendance complète de l'industrie privée ; il serait sans force contre l'*extorsion (extortion)*, contre une *coalition (combination)*.

« Si la France a pu lutter victorieusement contre des tentatives de coalition, c'est grâce à la position indépendante du gouvernement. La commission est donc opposée à cette combinaison.

« Voici la troisième proposition :

Le Gouvernement devrait établir, sur son propre territoire, une usine à canons, et passer des marchés avec diverses compagnies, pour les mettre en position de lui fournir le métal à canon, forgé et trempé.

« Cette proposition satisfait la commission et est considérée comme la base nécessaire de tout systèmc de fabrication d'artillerie. Il faut, à l'État, des ateliers pour travailler les canons, et des usines, à l'industrie privée, pour alimenter les ateliers de l'État.

« Une nation, qui prétend à un rôle militaire, doit avoir sous la main des ateliers où sont confectionnés les types, faisant les canons d'expérience, et qui en fabriquent un certain nombre, pour le service ; mais il ne serait pas raisonnable d'y concentrer toute la fabrication, ou d'y enfermer, à la fois, les travaux d'usinage, avec la production des matières qui peut être réservée aux établissements de l'industrie privée. Il faut donc encourager et aider les usines de notre pays à fournir l'acier de nos canons, et les intéresser aux opérations du Gouvernement. »

CHAPITRE II.

MOYENS DE PRODUCTION.

§ 1. — ANGLETERRE.

Elswick. — « L'histoire de cet établissement, sous la direction de sir William Armstrong, est bien connue. L'usine à canons a été constamment employée pour les commandes étrangères, mais, pendant ces dernières années, elle a surtout travaillé pour le gouvernement anglais. Le développement et la puissance de ses moyens d'action ont été d'un grand secours pour le pays. lorsque le gouvernement a adopté de nouveau le système du chargement par la culasse ; c'est à Elswick qu'il a trouvé des ateliers en état d'entreprendre la fabrication (*).

(*) On peut, d'après ce qui a été dit plus haut, se rendre compte des moyens d'action que le gouvernement aurait pu avoir à Woolwich, dans un établissement à lui, s'il y avait employé une partie des sommes englouties par lui à Elswick, en indemnités et en commandes payées à des prix exagérés.

2

« Ainsi, tandis qu'il n'a pas été avantageux au gouvernement de se lier avec la compagnie d'Elswick, il lui a été très utile de pouvoir employer les ateliers d'Elswick comme un auxiliaire indépendant, et on peut dire que cette usine est seule en état de terminer les canons.

« Les ateliers, connus maintenant sous le nom de « sir W. Armstrong, Mitchell et C*, Elswick, Newcastle-on-Tyne », furent d'abord une petite usine de MM. Donkin, Crudas, Patter et Lambert. Armstrong s'y associa, en 1847, après avoir pendant onze ans étudié les machines hydrauliques.

« Le développement des appareils hydrauliques a été immense depuis cette époque ; des machines de toute espèce ont été fabriquées, entre autres une grue de 160 tonnes destinée à la Spezia.

« W. Armstrong s'occupa bientôt de recherches pour l'artillerie, et enfin, en 1858, une division de l'artillerie fut ajoutée aux établissements d'Elswick.

« Les ateliers sont situés sur les quais de la Tyne, à la porte de Newcastle ; ils longent la Tyne sur plus d'un mille, mais n'ont pas plus de 55 mèt. de largeur. Leur superficie est de 16 hectares environ ; ils sont reliés au chemin de fer de Newcastle et Carlisle, et longés par la grande route et le tramway de Newcastle à Scatdwood.

Les ateliers, construits au fur et à mesure des besoins, sont fort encombrés et mal disposés, à cause de leur situation sur une petite hauteur. Le service des transports y est très bien assuré, par eau et par voie ferrée.

« L'établissement d'Elswick est installé pour la fabrication des pièces lourdes et a produit les plus gros canons du Monde. »

« La fonderie contient 10 fourneaux à réverbère, dont 4 seulement travaillent, à l'ordinaire. Les coulées usuelles ne dépassent guère 10 tonnes ; on en a cependant fait une de 137 tonnes pour la fondation de l'enclume d'un marteau à vapeur. »

« Les ateliers sont garnis d'excellentes machines-outils : une des plus remarquables est un tour Whitworth, pour tourner, aléser, fileter, rayer, ayant 44 pieds (13^m,42 de longueur et 36 pouces) (91^c,4) de hauteur de pointe ; une autre machine, qui mérite d'être signalée provient de la maison Fairbain, Kennedy, et Naylor, elle peut travailler une pièce de 20 pieds (6^m,10) de long sur 4 pieds 1/2 (1^m,337) ou une pièce de 34 pieds (10^m,37) de long et 8 pieds (2^m,40) de diamètre.

« Les forges avaient été disposées pour les anciens canons, mais on les transforme à la demande de la fabrication des canons en acier.

« La production des hauts fourneaux est d'environ 1 000 tonnes par semaine, avec des minerais d'Espagne ou de l'île d'Elbe, et est employée exclusivement à faire de l'acier.

« Le gouvernement ayant abandonné les canons à coils, en fer forgé, la machine à faire les coils a été modifiée pour forger les blocs d'acier et les frettes.

« Le marteau modifié est de 35 tonnes, avec une course de 15 pieds, il a la vapeur dessus et dessous, à 50 livres de pression ; on ne l'a pas encore expérimenté pour le travail des blocs d'acier. La fondation est sur rocher, la base de l'enclume pèse 300 tonnes et l'enclume elle-même 120 tonnes. Il y a, en outre, un grand nombre de petits marteaux et de fours Siemens à régénération.

« Les avantages de la fabrication Whitworth ayant été reconnus, on a introduit le système de forge par compression.

« Les fosses à refroidir et à tremper sont à la suite les unes des autres, et desservies par une seule grue. Le bain d'huile a 50 pieds (15^m,20) de profondeur.

« Les blocs d'acier, tubes, manchons, etc., sont livrés, grossièrement tournés et alésés, quelques-uns seulement trempés. Ils sont éprouvés comme à Woolwich, avec cette seule différence qu'on supprime l'épreuve au choc. On se sert pour ces épreuves d'une machine hydraulique, confectionnée par l'usine.

« Dans la fabrication des canons, le tube est tourné très près de ses dimensions définitives, il est alors trempé à l'huile et reçoit les enveloppes, après l'achèvement du tournage.

« Après la trempe, le tube se courbe quelquefois, et l'âme a besoin de rectification, c'est pour cela qu'on alèse et qu'on termine ordinairement (*usually*) l'âme quand cette opération a été faite.

« Pour l'assemblage des parties, le tube est placé verticalement dans une fosse et bouché pour empêcher l'écoulement de l'eau froide qu'on fait circuler à l'intérieur. La jaquette chauffée au *rouge* (*) est amenée et mise en place, au moyen d'une grue hydraulique. Les gaz et l'eau sont employés pour chauffer et refroidir les diverses parties, suivant les besoins de l'opération. *La contraction du tube atteint quelquefois 7/100 de pouce* ($1^{mm},778$) (**).

« Après le refroidissement le canon, placé sur le tour, est mesuré pour terminer son âme, la jaquette est tournee pour recevoir le premier rang de frettes, placé comme la jaquette, puis on fait de même pour le 2e rang de frettes.

« On termine et on rode ensuite le canon ; pour le rodage le canon est fixe, on fait tourner la barre dont la tête en fer est recouverte de plomb, avec du sable qui est facile à enlever et non avec l'émeri qui pénètre dans l'acier.

« Le canon est rayé ensuite et sa culasse mise en place ; les rayures sont polies à l'émeri. Avec le présent système de rayures multiples, les autorités de Woolwich n'attachent pas grande importance à l'alésage, sous prétexte que la rayure laisse non un fond mais des angles, *rifling leaves no lands, only edges.* »

Comme c'est de la précision de ses angles mêmes que dépend l'action de la rayure, il semble que l'alésage ne saurait être fait avec trop de précision.

(*) Souligné dans le texte, non sans raison, car une pareille élévation de température présente de graves inconvénients.

(**) La contraction doit varier beaucoup avec le calibre ; celle qui est indiquée ici est énorme, même pour le plus gros calibre.

« *Le travail d'ajustage et d'assemblage n'est pas fait avec soin*, et il n'est pas rare de trouver un espace de 3/4 de pouce (19^{mm},2) entre les joints des frettes. *Not unfrequently a space of 3/4 of an inch is found between the edges of the hoops* (*).

« Il n'est probablement pas un établissement au monde qui fasse un usage aussi étendu des machines hydrauliques dans les ateliers, les magasins et sur les quais. Des pompes sont établies à des intervalles réguliers, fonctionnant à tour de rôle, une par une; leurs tuyaux sont en communication et 6 accumulateurs, avec pistons de 18 pouces (45 cent.), en régularisent la marche.

« Ces accumulateurs pèsent 18 tonnes et coûtent 20 liv. (500 fr.) par tonne.

« La marche des pompes est réglée automatiquement. L'accumulateur le plus rapproché est un peu plus chargé que les autres, afin d'agir sur eux, il est en communication avec un régulateur à vapeur, pour maintenir, à la vitesse voulue, la marche des machines hydrauliques. La pression intérieure que comporte le système est de 750 livres par pouce carré, environ (60 kilog. par cent. carré). Les tuyaux ont de 5 à 6 pouces (12^c,7 à 15^c,2) de diamètre.

« Les grues mobiles sont actionnées par les machines hydrauliques, au moyen de récepteurs espacés de 18 à 36 pieds (5^m,5 à 11 mèt.) environ, et de tuyaux à grande portée; plusieurs grues peuvent ainsi fonctionner à la fois sur le quai.

« Un chemin de fer dirige le mouvement des grues; les tuyaux, à leur point d'attache au pied des grues, ont un peu de liberté.

(*) Ces remarques critiques des américains ne sont pas reproduites et soulignées ici pour nous donner le malin plaisir de critiquer une usine étrangère, mais bien parce qu'il est nécessaire de faire remarquer à combien de dangers on est exposé en confiant à des industriels la fabrication des canons. Des fautes, comme celles dont il s'agit ici, suffisent pour produire des accidents graves, et compromettre le meilleur système d'artillerie.

« Une énorme cisaille est installée au bout du quai, elle est conduite par une machine hydraulique, à action directe, de 120 tonnes, avec une course de 40 pieds (12 mèt. environ).

« Des installations (dont il est inutile de reproduire la description) permettent d'employer les grues à la manœuvre des petites masses. De petits cabestans hydrauliques sont placés en grand nombre, à portée des ateliers, ils rendent de grands services. Toute cette organisation hydraulique a permis de donner beaucoup de simplicité et de régularité aux mouvements des pièces lourdes, dans toute l'usine.

« La plaque-support du cabestan est portée sur tourillons par un bloc de fonte et peut tourner au besoin. Ce bloc est placé dans le sol et n'exige qu'une fondation de peu d'importance.... »

Woolwich. — « L'établissement d'artillerie de Woolwich a de très grandes proportions ; les aménagements qui y avaient été faits depuis quelques années étaient assez considérables pour qu'on n'y fût pas pris au dépourvu quand s'est imposé l'obligation de changer toute la fabrication des canons.

« Dans un rapport au Parlement de 1878-79, un compte de dépenses présente, comme il suit, les détails de la valeur totale des 3 divisions de Woolwich (*).

	Livres.	Francs.
Terrain	2 805	700 000
Bâtiments	97 684	2 442 000
Machines, outillage	166 110	4 115 000
Valeur des matières en approvisionnement et du matériel en cours de fabrication représentant à un intérêt de 3 1/2 p. 100 l'an, en avril 1878	196 949	4 924 000
Total (chiffre rond)	463 550	12 181 000

(*) Nous omettons dans cette traduction les shellings et deniers, et les centaines de francs .

« La puissance de production de l'usine a été évaluée en 1873-74 à 6 000 *tonnes de canon* (*) de divers calibres et à 7,500 tonnes de pièces forgées (fer forgé).

« L'emploi de l'acier, l'adoption du chargement par la culasse, ont naturellement conduit à transformer l'usine.

« Voici approximativement le nombre des machines à tourner et à aléser actuellement en place.

2	course de	72	pouces (environ de	1 800 mill.),
4	—	51	—	—	1 380	—
4	—	42	—	—	1 050	—
4	—	36	—	—	900	—
6	—	30	—	—	750	—
6	—	24	—	—	600	—
12	—	20	—	—	508	—

« En outre il y en a 50 ou 60 autres, de petites dimensions, et 62 machines diverses, à percer, etc.

« Il y a 4 grues mobiles de 60 tonnes, 6 de 30 tonnes, 6 de 25 tonnes et beaucoup d'autres de moindre force.

« Voici la liste des marteaux à vapeur :

1 de 40 tonnes — 1 de 12 tonnes — 1 de 10 tonnes — 2 de 7 tonnes — 2 de 6 tonnes, et d'autres, de 1 à 2 tonnes.

« Quarante chaudières de 40 chevaux de force, chacune, font marcher l'usine.,..

« En un seul point sont rassemblées 24 chaudières.

« Ce qu'il y a de plus nouveau, à Woolwich, c'est la fonderie d'acier; cette branche est encore dans l'enfance, mais déjà elle présente plusieurs fours *Price* qui fonctionnent, avec une capacité totale de 18 tonnes environ. Les épreuves du métal obtenu ont été fort satisfaisantes, et déjà un certain nombre de tubes de 6 pouces (15ᶜ,2) ont été admis à l'usinage.

« On espérait obtenir bientôt des tubes pour canons de 8 pouces (20ᶜ,32). »

(*) Cette façon de compter les canons, à la tonne, est simple, mais absolument dépourvue de précision et de clarté, pour des artilleurs, tout au moins ; elle serait au contraire très instructive pour l'industriel payé au kilogramme.

Ici prend place la description du four Price, qui diffère par quelques dispositions du four Siémens, mais fonctionne d'après les mêmes principes.

« Il y a 3 fours, un de 12 tonnes, l'autre de 5 tonnes, et 1 de 2 tonnes. On peut fondre un lingot de 12 tonnes, dont on tire un bloc forgé de 8 tonnes.

« Le marteau à vapeur, de 40 tonnes, qui était employé à tordre les grands coils des canons en fer forgé, a été approprié au travail des canons d'acier, on a réduit la surface de choc, pour augmenter son action.... On évalue, comme il suit, ce marteau et ses annexes :

	Livres sterl.
Marteau	4 980
Grues et châssis	13 500
Mise en place	10 915
Surveillance des travaux, dépenses pour fondation des fours	9 245
Plaques pour former le sol	3 683
Total en livres	42 323

(environ 1 058 073 francs).

Suivent des détails sans importance sur la fondation de ce marteau.

« Une machine, Maillard (*), à éprouver les métaux, fabriquée au Creusot est en service....

« L'alésage à noyau est beaucoup employé à Woolwich comme fort économique, même pour les petits calibres. »

Suivent les détails sur la trempe dans lesquels il n'y a rien de particulier à signaler ici.

« Les opérations exécutées et les procédés employés à Woolwich, pour le travail de l'acier à canons, sont représentés par le tableau suivant :

(*) On sait que l'inventeur de cette machine est le colonel Maillard, de l'artillerie de la marine, ancien directeur de la fonderie de Nevers, auquel est due une bonne partie des progrès faits par les usines françaises dans la fabrication des métaux à canon.

ÉTAT DES PIÈCES mises en œuvre.	OPÉRATIONS à exécuter.	PROCÉDÉS ET MACHINES.
Bloc brut de forge...	Couper les barreaux d'épreuve.	Tours et étaux-limeurs.
Barreaux d'épreuve..	Trempe	Petit fourneau et bain d'huile avec pyromètres.
Barreaux d'épreuve..	Essais à la traction..	Machine à éprouver.
Barreaux d'épreuve..	Essais au ployage...	Machine à ployer, avec presse ou poids.
Bloc du tube	Alésage, grossier pour la trempe.	Machine à aléser (horizontale).
Bloc du tube........	Tournage, grossier pour la trempe.	Tours.
Tube...............	Trempe............	Four vertical, bain d'huile et grue de tête (*over head*).
Blocs bruts de forge, pour frettes, pièces de tourillons, culasse.	Mêmes opérations que ci-dessus.	Mêmes machines que dessus, le tournage et l'alésage se font sur les tours à grande poupée
Tube, pièces de tourillons et frettes trempées	Tournage et alésage au point voulu pour l'assemblage.	Machines comme ci-dessus.
Différentes petites pièces, en vue de l'assemblage.	Assemblage; cette opération ne se fait pas, en général, en une seule fois; après la pose de chaque couche, il faut un nouveau tournage.	Four ou grille à découvert avec fosse, grue, conduite d'eau et de gaz.

ÉTAT DES PIÈCES mises en œuvre.	OPÉRATIONS à exécuter.	PROCÉDÉS ET MACHINES.
La pièce assemblée..	On achève l'alésage et le chambrage.	Machine à aléser horizontale.
La pièce assemblée..	On achève le tournage	Grands tours.
La pièce assemblée..	On prépare le logement et les attaches de la fermeture de culasse.	Raboteuse, machine à copier, perceuse, etc (La main-d'œuvre pour cet ajustage est très considérable.)
La pièce assemblée..	Visite avant l'épreuve	Jauges, micromètres, dispositifs pour prendre les empreintes, compas et calibres pour l'intérieur et l'extérieur.
La pièce assemblée..	Épreuve...........	Affût d'épreuve, butte et munitions.
Canon terminé......	Ajustage et mise en place des appareils de pointage .	Machine à percer, radiale, etc. — Machine à diviser.

« *Les procédés employés à Woolwich, à cause de l'état présent de transition, sont en très peu de points dignes d'être imités dans l'organisation d'établissement à créer en Amérique pour la fabrication des canons* ».

(*The plant at Woolwich, because of its transition state, contains very little worthy of imitation in planning the erection of gun factories in the United-State*).

Aciéries. — Les aciéries principales où l'Angleterre peut trouver le métal de ses canons sont :

Thomas Firth et fils, Sheffield.

Sir John Brown et Ce, Sheffield.

Charles Cammell et C⁰, Sheffield.
Vickers fils et C⁰, Sheffield.
Sir Henri Bessemer, Sheffield.
Sir Joseph Withworth et C⁰, Manchester.
Bolckow, Vaughon et C⁰, Eston.
Elswick s'installe pour la fabrication de l'acier.

« Les affûts, pour le service de terre et de la flotte, étaient jusqu'à présent fabriqués à Woolwich ; mais, depuis l'adoption du système Vavasseur, les ateliers d'Elswick et ceux de M. Vavasseur, à Londres, sont appelés à seconder Woolwich pour la fabrication des affûts. Actuellement, l'Amirauté a, en cours de construction, environ 450 affûts de tous calibres ».

Thomas Firth et fils. — Nous ne reproduisons pas ici la description des procédés de fabrication de cette maison, bien connue en France, puisqu'elle a fait à diverses reprises, et notamment en 1883, des fournitures de tubes et corps de canons très importantes à la Marine française.

« Le marteau à vapeur est de 25 tonnes, sa course de 13^{pieds},2 (4 mèt. environ) avec une pression de 60 livres (environ 4 atm. 1/2). L'usine possède un très beau tour et une machine à forer, très puissante. »

Vickers fils et C⁰. — Cette usine produit son acier par le procédé Martin-Siémens modifié. Les détails des installations ne sont pas connus du colonel Maitland.

« Le marteau à vapeur est du poids de 15 tonnes, avec une course de 10 pieds (3 mèt. environ), avec une pression de 60 livres (4 atm. 1/2, environ).

« On prétend obtenir, avec un marteau aussi léger, une puissance très grande, par l'action de la vapeur combinée d'une façon spéciale.

« Des manchons et frettes de 22 pouces (559 mill.), de diamètre intérieur, et 62 pouces 3/4 (1 594 mill.), de diamètre extérieur, sont travaillés au laminoir; les épreuves ont montré que cette méthode est excellente. »

Sir John Brown et Ce. — Cette usine fabrique surtout des plaques de cuirasse mixtes (fer et acier). La description des travaux de cette nature, bien que très intéressante, ne serait pas à sa place ici.

« Les plus grandes plaques pèsent environ 50 tonnes et coûtent 85 à 90 liv. par tonne (2 100 à 2 250 francs environ les 1 000 kilog.). »

Charles Cammell et Ce. — Cette maison est célèbre par ses plaques de cuirasse.

Le travail que nous analysons contient à ce sujet l'historique très détaillé des premiers essais, des progrès et des résultats obtenus par l'usine Cammell, jusqu'à la fin de 1883; nous nous contenterons ici de les signaler.

Ateliers Whitworth. — Sir J. Whitworth ayant tenu ses ateliers bien fermés, les fabricants d'acier de Sheffield n'ont aucune connaissance de ses procédés de fabrication. Mais la Commission a obtenu le privilège de visiter les ateliers et a reçu tous les renseignements, toutes les explications nécessaires pour apprécier les travaux de *cet établissement unique.*

On peut dire que les expériences qu'a pu voir la Commission pendant sa visite ont été une révélation ».

Sir J. Withworth demanda à la Commission de visiter ses ateliers, après avoir terminé sa tournée dans tous les établissements étrangers. Ainsi fut fait.

§ 2. — FRANCE.

Nous ne reproduirons pas ici, pour des lecteurs français, les renseignements que la Commission américaine a recueillis en France, sur les grands établissements militaires et industriels de notre pays.

Nous relèverons seulement quelques appréciations et observations consignées dans le travail du lieutenant Jacques, sur la situation de nos ressources, en fait d'artillerie.

« Les encouragements, donnés par l'État à l'industrie privée, ont produit des résultats qu'on peut juger par la liste suivante des usines appelées à fournir les matières premières et même la main-d'œuvre, pour la fabrication du matériel. »

Suit une longue liste qui n'est pas complète, et qui contient des détails dont l'exactitude n'est qu'approximative ; nous ne la reproduirons pas.

Il est certain d'ailleurs que, grâce à l'action progressive et incessante, exercée depuis l'année 1858, et surtout depuis 1864, par l'artillerie de la marine, les grandes usines métallurgiques et les ateliers de construction de la France, se sont trouvés en mesure de faire face aux exigences, méthodiquement croissantes, de la marine, pour l'emploi de l'acier dans la construction de ses bouches à feu. C'est ainsi que le département de la guerre a pu trouver, en 1873-74, sur le sol national, les ressources nécessaires pour créer rapidement l'artillerie en acier, qu'il venait d'adopter.

Parmi les établissements de l'État, pour l'artillerie de terre, *Bourges* est signalé pour la bonne disposition, l'éclairage de ses ateliers. L'auteur présente une notice sur l'installation qui y a été faite pour utiliser les machines Gramme pendant le jour, en leur faisant conduire le chariot-treuil de l'atelier et la machine Maillard, à essayer les métaux.

Ruelle, désormais la seule grande usine à canons de la marine, présente d'après la Commission, la plus belle collection d'outils qui existe de notre temps ; l'auteur y signale l'emploi très avantageux des moteurs hydrauliques, la puissance des moyens de levage et de transport, la grandeur des ateliers, la disposition de la fosse à tuber et de ses annexes ; l'ensemble permettant de mettre en œuvre et de terminer des blocs pesant 160 tonnes, ayant 60 pieds de longueur.

Parmi les établissements de l'industrie, en état de fournir des aciers, les Américains mentionnent ceux de MM. Marrel, Saint-Chamond et, principalement, le Creuzot. Les marteaux à vapeur de ces deux derniers établissements sont, à leur connaissance, les plus puissants qui existent.

L'usine de Terre-Noire est citée pour les remarquables travaux qui y ont été faits en vue de la fabrication des aciers homogènes et sans soufflures.

Les détails qu'ont bien vus les membres de la commission et les documents de toute nature que l'auteur a réunis au sujet de nos fonderies et usines françaises, ne manquent pas d'intérêt ; mais, comme, nous l'avons dit, ils ne seraient pas ici à leur place.

Leur opinion est, en résumé, que la France a d'abondantes ressources nécessaires pour la fabrication de son matériel d'artillerie, et une excellente organisation pour en faire usage.

§ 3. — ALLEMAGNE.

De ce qui a été dit plus haut, il résulte que la commission américaine ne pouvait rien présenter au sujet de l'acier Krupp, d'après ses observations personnelles. C'est donc à des documents, empruntés à diverses sources, et présentant naturellement peu de garanties, que l'auteur emprunte les renseignements donnés dans son travail.

« Ce qui suit, dit-il, est extrait du rapport du consul J.-F. Potter, de Crefelt, décembre 1883, d'après les informations venant de M. Krupp, de ses employés et ingénieurs. »

Il s'agit d'une histoire de l'usine et de ses procédés de fabrication de l'acier au creuset. Le tout commence en 1840 ; les canons les plus célèbres datent de 1847, 1849, 1855, 1867.

Le choix des minerais, des manipulations nombreuses destinées à régulariser les matières, la précision dans le chauffage, des particularités de forme et de composition pour le creuset, propres à conserver la pureté du métal et à permettre une élévation de température, de 2 000 degrés, tels seraient les points sur lesquels porteraient les secrets d'atelier qui ont fait le succès des aciers Krupp. Le personnel ouvrier, tout à fait spécial, est très difficile à recruter.

L'effectif ouvrier était de 1 764, en 1860; il était, en 1883, de 7 084. Un personnel de 60 000 personnes, familles d'ouvriers, etc., était entretenu par l'usine.

Le marteau le plus fort pèse 50 tonnes et a une course de 10 pieds.

La production aurait été de 260 000 tonnes d'acier et fer forgé, en 1881.

Le marteau de 50 tonnes a été installé en 1859. Jusque vers 1878 l'usine Krupp avait, comme instrument de forge, la supériorité sur toutes les usines du monde. Il n'en est plus de même, Saint-Chamond et le Creuzot ont de beaucoup l'avantage aujourd'hui.

Suivent des détails sur le matériel et les procédés de fabrication de l'acier, d'après divers documents ; nous les omettons parce qu'ils sont un peu compliqués et que leur exactitude est douteuse, vu les soins apportés par M. Krupp à cacher des secrets précieux.

§ 4. — RUSSIE.

« La fabrique de canons de Saint-Pétersbourg est activement occupée à faire des bouches à feu de tous calibres, jusqu'à 8 pouces inclusivement, bien que les approvisionnements des artilleries de siège et de campagne paraissent déjà énormes. Les ateliers ont beaucoup de machines, ils peuvent donner 70 canons de campagne par mois. Le remplacement des anciens modèles s'effectue avec rapidité.

« Les blocs d'acier à ajuster, et à assembler, viennent de Perm et d'Aboukhoff ; bien que cet établissement (de Saint-Pétersbourg) soit bien outillé, il ne suffit pas et doit être suppléé par les ateliers d'Aboukhoff.

« L'établissement d'Aboukhoff, qui contient une fabrique d'acier et des ateliers, pour le travail des canons de tous calibres, à la fois pour la guerre et pour la marine, est situé dans le bassin de la Néva. Les fondations en ont coûté cher ; il a fallu faire une excavation de 30 pieds pour trouver un fond passable, du gravier, sous le marteau à vapeur de 50 tonnes.

« C'est une des causes du prix très élevé des travaux.

« Les ateliers sont grands et nombreux, mais, comme ils ont été construits au fur et à mesure des besoins, on n'y saurait trouver un modèle pour un établissement à créer.

« L'atelier le plus grand a 700 pieds de longueur sur 70 pieds de largeur, avec les machines placées parallèlement à la longueur. Cette disposition était commandée par les couvertures en bois, indispensables avec un climat rigoureux. Par suite, l'éclairage n'est pas aussi bon que dans les autres usines de l'Europe. L'outillage est convenable et a reçu de grands développements. Les inégalités du sol naturel ont été utilisées dans la fonderie où le niveau des forges est au-dessous de celui des fours, de telle sorte que les lingots sont transportés directement, sur rails, du four sous le marteau. On peut produire de 40 à 50 tonnes avec 1 200 creusets.

« Comme tous les ateliers de l'Europe, ceux-ci sont en voie de transformation pour l'accroissement de leurs moyens de production et d'usinage de l'acier. Il y a 3 fours Siemens: 2 de 10 tonnes et 1 de 5 tonnes; il y a aussi 2 convertisseurs Siemens, de 5 tonnes; on emploie le gaz dans les fours à réchauffer. »

Suivent des détails, empruntés à une traduction, faite par les capitaines Smith et le lieutenant Rogers U. S. A., de l'ouvrage *la Fabrication des canons en Russie*, par le lieutenant Michel Levitsky, de la marine russe.

Ces détails ne sont ni assez précis ni de source assez directe pour que nous les reproduisions ici.

Nous y avons remarqué seulement le passage suivant, au sujet des opérations du tubage et du frettage, effectuées verticalement : *A few blows of a hammer cause it to descend to the position required.* Nous avons de la peine à croire à l'efficacité des coups de marteau pour conduire un manchon, une frette d'acier à sa place, sur de l'acier, si la dilatation n'est pas suffisante pour que la descente se fasse, concentriquement, par l'effet du poids et sans contact.

« Pour l'approvisionnement des matières premières, la Russie a les mines des monts Oural, sur la frontière de la Sibérie. Le minerai est fondu avec le charbon de bois ; le métal obtenu vaut celui de la Suède; il est livré à Perm et à Aboukhoff, à l'état de fonte ou fer forgé.

« L'acier puddlé, la principale matière des canons russes, est préparé dans ces dernières usines. L'acier pour tube de canon, manchons et grandes frettes, est fondu au creuset; on l'y introduit avec une certaine proportion de métal des mines de l'Oural, qui donne au mélange sa valeur.

« Les petites frettes sont en acier Bessemer, leur métal provenant de l'Oural ou de la Suède. L'acier Martin n'est employé que pour les petits lingots, parce qu'on le croit inférieur à l'acier fondu au creuset.

« Une des plus importantes améliorations de ces dernières années, c'est l'application du système de sir J. Withworth pour comprimer l'acier à l'état liquide. A Aboukhoff, on se félicite beaucoup des résultats de cette opération, et en outre, on eût été disposé à adopter le forgeage par pression, si l'on n'eût pas déjà installé un des plus puissants marteaux à vapeur du monde. Cet engin, supporté par une fondation défectueuse, a nécessité des dispositions compliquées, pour le guider dans sa chute, et pour la liaison du piston avec le marteau. »

§ 5. — ÉTATS-UNIS.

« Les sources auxquelles est actuellement puisé le matériel d'artillerie sont seulement : la *Midvale steel Company* et les petits ateliers d'artillerie de la marine à Washington. La première ne peut pas fournir au delà des canons de 6 pouces, rayés, se chargeant par la culasse, elle se développe pour faire davantage ; la dernière a fabriqué des canons en acier de 5 à 10 pouces.

« Les pièces de forge les plus lourdes proviennent des usines étrangères.

« Avant et pendant la guerre civile, les armements des États-Unis étaient fournis par 7 compagnies.

« Depuis lors, quelques-unes ont cessé d'exister ; aucune d'elles n'a fait de canons en acier, et les États-Unis sont virtuellement dépourvus de toute source où ils puissent prendre le matériel de guerre, à hauteur des exigences du temps présent. »

Suivent les preuves de ce dénûment, dans une volumineuse correspondance.

« Toutefois, depuis la rédaction du rapport de la commission, l'acier au four à réverbère a été déclaré le plus homogène par les autorités les plus sûres, et des usines se sont établies aux États-Unis pour le fabriquer.

Les mieux installées sont :

Cambria Iron Company,
Midvale Steel Company,
Springfield Iron Company. »

Suivent des détails historiques et techniques sur ces diverses usines, qui ont adopté, peu à peu et plus ou moins complètement, les méthodes et les procédés des usines de l'Europe.

CHAPITRE III.

SITUATION DU MATÉRIEL D'ARTILLERIE DE L'ANGLETERRE, DE LA FRANCE, DE L'ALLEMAGNE, DE LA RUSSIE ET DES ÉTATS-UNIS.

Ce chapitre sera court, les renseignements, donnés par les Américains, puisés à des sources plus ou moins véridiques, et principalement industrielles, sont d'une exactitude contestable.

D'ailleurs, la description du matériel des diverses nations dont il s'agit a été donnée par le *Mémorial.*

Nous présenterons seulement quelques observations et jugements sommaires, qui nous ont paru instructifs.

§ 1. — Angleterre

« Tout le monde sait que les caractères essentiels du canon de Woolwich étaient le chargement par la bouche et l'emploi du fer forgé.

« A l'époque où la commission fit sa visite en Angleterre, l'opinion avait beaucoup changé sur ces deux points.

« Le premier effort fut dirigé contre le chargement par la bouche, il fut déterminé par les difficultés croissantes de la manœuvre à terre et à bord.

« Il y fallait des complications de plus en plus grandes de *machinery*, en raison de l'accroissement de la longueur des canons et du poids des projectiles.

« C'est en 1879-1880 que les dispositions furent arrêtées, en vue de l'adoption du chargement par la culasse.

« La commission constata, à Woolwich, qu'on n'y fabriquait plus de canons d'une autre espèce.

« Un des premiers canons, munis de la fermeture française, de 12 pouces, pesant 43 tonnes, était formé de coils en fer forgé, avec un tube en acier recevant nécessairement la fermeture de culasse. Les résultats balistiques furent bons, mais la construction du canon ne parut pas satisfaisante. A la même époque, on essaya des canons de 6 pouces, se chargeant par la culasse, et fabriqués de même ; plusieurs (*failed*) manquèrent ; on attribua leur faiblesse à la mauvaise qualité du métal et à des erreurs de fabrication. Toutefois on acquit la conviction que le fer forgé ne pouvait convenir pour les canons se chargeant par la culasse et qu'il fallait adopter l'acier pour former tout le corps des canons.

« Les commandes de bouches à feu faites à Woolwich indiquent que le gouvernement paraît avoir pris cette décision..... Par exemple, le 12 pouces, de 43 tonnes, du dernier modèle, est complètement en acier ; tout semble prouver que le mode de construction avec *coils* en fer forgé est abandonné.

« Il y a, en cours de fabrication, avec les canons de 43 tonnes, des canons de 13 pouces pesant 62 tonnes, et 10 pouces pesant 26 tonnes; ces derniers sont destinés à tirer un projectile de 500 livres (226 kilog.), avec une vitesse initiale de 2 100 pieds (638 mèt.). On attache une grande importance aux résultats attendus du canon de 9po,2 (23c,36), pesant 18 tonnes, qui doit remplacer, pour le service de la mer, le calibre de 10 pouces, de 18 tonnes, en fer forgé, se chargeant par la bouche.

« Le canon en acier a 26 calibres de longueur, il tire à la charge de 105 livres (49k,5), un projectile de 320 livres (145 kilog.); la vitesse, à la bouche, serait de 2 046 pieds (622 mètres).

« L'épaisseur totale du manchon, sur la chambre, serait de 13po3/4 (350 mill. environ); la fermeture de culasse est portée par le manchon, qui a 4po1/2 d'épaisseur sur la chambre.

« 4 canons de 8 pouces, pesant 11t,5, en acier, sont également en cours d'usinage à la Manufacture royale; 2 auront 30 calibres et 2 auront 26 calibres de longueur, ceux-ci pour la flotte.

« Des canons se chargeant par la culasse, et en acier, de 6, 5 et 4 pouces, sont également en cours de construction.

« Comme mesure transitoire, et faute de pouvoir se procurer des manchons épais et longs en acier, on a simplement substitué des *frettes* en acier aux *coils* en fer forgé. »

Suivent des indications sur les idées *régnantes* ou plutôt *discutées* en Angleterre au sujet de la forme des canons, de la résistance à leur demander, sur l'effet du serrage, sur les rayures et sur le meilleur système de fermeture de culasse, sur la lumière des canons, sur la forme de la chambre, c'est-à-dire sur toutes les parties du problème de l'artillerie.

Les détails donnés par l'auteur sont aujourd'hui un peu arriérés; on connaît la conférence faite par le colonel

Maitland à l'*United service institution*, le 20 juin 1884, et la discussion qui l'a suivie, et à laquelle ont pris part les hommes les plus compétents de l'Angleterre, MM. Rendel, Noble, Longridge, l'amiral Hope.

Des éclatements et accidents récents, survenus depuis cette époque, l'un, notamment, avec un canon de 6 pouces, à bord de l'*Active*, donnent lieu de penser que la méthode éclectique, consistant à prendre ce qu'il y avait de mieux dans les systèmes français et allemand, pour en composer un modèle anglais, n'a pas été très bien appliquée. Il semble que l'examen des dispositions intérieures et extérieures du canon de 6 pouces, en acier, à chambre de très grand diamètre, avec court manchon, peut dispenser de chercher dans les négligences des servants de la pièce les causes de l'accident qui a produit en Angleterre une si grande émotion.

L'auteur américain signale les essais, exécutés par M. Armstrong, avec le frettage en fil d'acier, imaginé en 1855 par M. Longridge, et dont le capitaine Shultz, de l'artillerie de terre française, a fait les premières applications à de vrais canons.

M. Armstrong, reconnaissant la valeur théorique de la pièce, ne croirait pas à sa réalisation pratique.

L'opinion de M. Longridge, plus compétent en cette affaire, est aussi plus intéressante ; nous la trouvons dans la conférence citée plus haut : *il ne faut pas faire d'expériences au hasard, il faut calculer la distribution des efforts et on pourra faire un canon plus léger, plus résistant, tout aussi bon, dans lequel aucun élément ne travaillera plus que dans le canon à basse pression, et où les pressions varieront de 4 500 à 4 800 kilog. par centimètre carré, au lieu de varier de 2 300 à 2 500.*

Il n'est pas douteux que des bouches à feu, composées de matériaux ayant une résistance moyenne de beaucoup inférieure à celle du bon acier, ne puissent, chaque métal étant à sa place, avec les formes et les épaisseurs voulues, présenter plus de garanties que les canons anglais.

La théorie et l'expérience, s'accordant, l'ont surabondamment prouvé.

§ 2. — FRANCE.

Il n'y a évidemment pas lieu de reproduire ici l'énumération assez exacte de nos bouches à feu, y compris les canons-revolvers et le canon à tir rapide Hotchkiss, dont les essais viennent de se terminer à Gavre.

Le *Mémorial*, depuis 1873, a permis à ses lecteurs de se rendre compte de la marche suivie par l'artillerie de la marine; les années 1855, 1858, 1860, 1864, 1866, 1870, 1875, 1879, 1881 marquent les étapes et les résultats les plus importants obtenus : par l'emploi de la fonte, abandonnée à elle-même, consolidée d'abord par des frettes en acier puddlé, puis par des tubes en acier fondu et des frettes en acier fondu également; enfin, par l'admission de l'acier pour former les corps de canons frettés, tubés, ou non tubés, suivant la grandeur des calibres. Ces mêmes étapes correspondent à l'accroissement progressif, sans brusquerie, du poids des charges et de la longueur des canons, pour tirer parti de poudres de plus en plus lentes et avoir des vitesses de plus en plus grandes.

Quand le Ministère de la guerre, en 1873-74, a adopté l'acier pour ses bouches à feu, il a trouvé de nombreuses usines en état de fabriquer, sous une surveillance bien organisée, des tubes pour les canons des calibres de 27 cent. et 32 cent., de la Marine, et par suite, des corps de canons de campagne, siège et place; il a trouvé aussi le système de montage des projectiles, avec ceinture en cuivre, indispensable pour l'utilisation des poudres lentes, déjà en service et ayant fait ses preuves dans la marine. Depuis cette époque, les deux branches de l'artillerie française, ayant des attributions distinctes, ont pris des directions naturellement un peu différentes; mais le mode d'obturation est le seul point où il y ait véritablement divergence. Le système de Bange, simple et d'une manœuvre facile pour les petits canons, n'exigeant pas le lavage à l'eau, a été adopté par la Guerre. La Marine a conservé son obturateur, très simple et d'un fonctionnement très régulier, qui convenait parfaitement au service de la flotte et des côtes.

Enfin, pour les canons des plus gros calibres, en acier, la Marine a conservé, en le consolidant par des frettes, le tubage que la Guerre n'emploie pas dans ses bouches à feu, dont le calibre le plus élevé est de 240 millimètres.

L'auteur signale les essais entrepris pour la mise en service des canons en fonte, frettés et tubés, Mod. 1870-79 et Mod. 1870-81 de la Marine.

Les difficultés, sur lesquelles il insiste, au sujet de l'emploi des tubes longs, ont été résolues, comme on le sait, d'une façon très simple.

La notice, en ce qui concerne notre artillerie, se termine par quelques indications au sujet des principaux essais du système Shultz, exécutés par la Marine française sur un canon de 10 cent. et un canon de 34 cent. Le *Mémorial* en a rendu compte; on connaît le succès du premier, la rupture de l'autre. En fait de résistance, tout est relativement facile pour les petits et les moyens calibres.

§ 3. — ALLEMAGNE.

Le tableau suivant donne la situation de l'artillerie allemande, d'après les sources officielles :

Bouches à feu.	Longueur en calibres
8 cent., *pivot-canon*	25,6
8°,4, canon de campagne	25,6
8c,7	50
10c,5	»
10c,5	35
10°,7, *pivot-canon*	»
12, marine et côte, léger	25
12	30
15, *pivot-canon.*	»
15, canon de siège et place	30
15	30

Bouches à feu.	Longueur en calibres.
15, marine et côte	35
21, siège et place	30
21 (mortier)	»
24 (19 tonnes), marine et côte	30
24 (21 tonnes)	25
28	35
30°,5 (léger, 32 tonnes)	25
30°,5 (lourd)	25
30°,5 (43 tonnes)	30
30°,5, marine et côtes (48 tonnes)	35
35°,5 (51 tonnes)	25
35°,5 (68 tonnes)	30
35°,5 (76 tonnes)	35
40 (72 tonnes) (en projet)	25
40 (97 tonnes) *id.*	30
40 (109 tonnes) *id.*	35

Le mode de construction de ces bouches à feu est bien connu ; nous ne nous arrêterons pas à la description succincte qu'en donne l'auteur.

L'observation suivante termine sa notice sur les canons Krupp :

« La supériorité de l'acier des fours à réverbère, pour former les canons, le secret gardé (même avec les inspecteurs du matériel en cours d'exécution) ont décidé beaucoup de gouvernements à cesser de faire des commandes à la maison Krupp ; la Chine et l'Italie paraissent être, quant à présent, les seules puissances qui adressent encore des demandes considérables à l'établissement d'Essen. »

§ 4. — RUSSIE.

« L'artillerie de la flotte et des côtes doit donner des vitesses initiales de 1 700 et 1 800 pieds (517 à 547 mèt.) ; mais les expériences pour accroître la longueur des canons sont encore en cours d'exécution. Voici les principaux calibres :

« Les canons de 12 pouces (30°,5), 40 tonnes, de 20 calibres de longueur, sont adoptés pour armer le *Pierre-le-Grand* et le *Popoff;* un canon de 30 calibres, pesant 50 tonnes, et brûlant une charge de 490 livres (222 kilog.) est à l'étude.

« Des canons de 11 pouces (28 cent.), de 22 calibres de longueur, arment plusieurs tourelles de navire et batteries de côtes. Leur tube exige un lingot de 30 tonnes.

« Il y a aussi en service beaucoup de canons de marine de 9 pouces, 8 pouces et 6 pouces, ayant 22 calibres de longueur environ ; les modèles doivent en être allongés. Le type le plus commun, dans les forteresses, est le canon de 6 pouces (152^{mm},4). Beaucoup de canons de siège sont en bronze, mais on va adopter de nouveaux modèles en acier. Un accident récent a fait subir une rude épreuve au système d'artillerie, adopté en Russie. Pendant les essais d'obus chargés de fulmicoton, un de ces projectiles, contenant une charge de 40 livres, fit explosion dans la chambre d'un canon de 11 pouces, au tir avec 128 livres de poudre. La partie arrière de la culasse, arrachée au point faible du système Krupp, fut projetée. La frette-tourillon fut brisée, un de ses fragments lancé en l'air, et le diamètre de la chambre fut agrandi de 1 pouce. L'admirable qualité du métal et la bonne distribution des efforts sur toutes les parties sont établies par ces résultats. »

Nous avouons que la seconde partie de cette conclusion ne nous paraît pas rigoureusement établie.

« Dans les épreuves de l'acier, on n'attache aucune importance à l'allongement de rupture ; les seules données dont on tienne compte sont celles qui se rapportent à la limite élastique, déterminée par le point où les efforts et les allongements cessent d'être proportionnels. Cela n'arrive jamais avant 2 400 atmosphères (16 tonnes par pouce carré).

« Tous les canons de campagne sont en acier, montés

sur affûts, avec tampons élastiques pour réduire le recul.

« Le plus grand nombre des canons en acier proviennent de chez Krupp, et sont semblables à ceux de l'artillerie allemande, des mêmes calibres. A Aboukhoff, on pousse le 1er rang du frettage jusque sur la bouche. Les frettes tronconiques à l'extérieur, cylindriques à l'intérieur, sont disposées en échelon.

« Ce qu'il y a de plus nouveau dans l'artillerie russe, c'est l'emploi d'un tube qui, s'usant par le tir, doit être renouvelé quand il est hors de service, sans qu'il y ait de difficultés ni de dépense pour le *retubage*. Ce système est adopté pour tous les calibres, jusqu'au 12 pouces inclusivement. Nous avons vu faire l'opération sur un canon de campagne à Aboukhoff. La différence des diamètres est très faible, mais elle est mesurée avec une extrême précision.

« Quand le tube est prêt pour la mise en place, il est lubrifié et introduit à la main. Puis il est poussé avec des leviers, jusqu'à ce que son extrémité arrive près de la culasse. Ensuite on le met en place avec une presse hydraulique, qui monte jusqu'à 180 atmosphères. La partie arrière du tube porte le logement d'obturateur. »

L'auteur donne ici, au sujet des premiers essais de ce mode de construction, un extrait des *Mémoires militaires et scientifiques, département de la Marine française,* vol. IV, publié dans les *Notes of ordnance*, n° 21, 14 mai 1883 ; c'est la traduction d'un article du *Mémorial de l'artillerie de la marine* (3e livraison de 1876).

« Les officiers russes affirment que le changement de tube peut se faire en campagne ; ils citent des exemples, entre autres un mortier de 9 pouces, pesant 5t,5, employé sur le Danube, dans la dernière guerre. Comme cette pièce était trop lourde pour être transportée au point voulu, avec les moyens disponibles, on la divisa en trois parties : tube, manchon de culasse et manchon de volée.

« Les deux dernières parties étaient vissées l'une sur

l'autre, et le tube était introduit avec un levier, sur place.

« C'est de l'idée du tube mobile qu'on est naturellement passé à celle du canon démontable; les mortiers de 9 pouces ont été construits d'après le même principe que le canon de 8 pouces.

« Pour les monter, le manchon de culasse est d'abord placé sur l'affût; le manchon de volée est placé ensuite, puis on visse la frette qui les réunit. Ensuite on enfonce le tube. Une longue vis, avec des plaques appuyées sur la culasse, est employée pour cette opération. Pour démonter, on agit avec la vis en sens contraire ; 20 hommes assemblent le canon en 3 heures.

« On a communiqué (à la commission) des pages non publiées, au sujet des essais exécutés dernièrement pour l'étude des pressions dans un canon long de $4^{\text{po}},2$ ($10^{\text{c}},67$). On y a employé des appareils Rodman, disposés de façon à enregistrer les actions à la surface de l'âme..... »

Les résultats, d'accord entre eux et avec ceux des expériences analogues de la marine française et des autres artilleries, ont montré que le point, où les efforts sont le plus dangereux, est entre les positions initiales des deux ceintures des projectiles.

« Les expériences seront continuées sur un canon de 80 tonnes, de 16 pouces ($406^{\text{mm}},2$), en acier. Il a 22 calibres de longueur et est construit de la façon suivante : un tube d'une seule pièce ; un manchon en trois parties, allant jusqu'à la bouche, quatre couches de frettes et une cinquième couche sur la culasse. La bouche à feu est percée en différents points, sur sa longueur, pour mesurer les pressions.

« Un canon d'expérience de 11 pouces, 47 tonnes, complètement en acier, avec 35 calibres de longueur, formé d'un manchon en deux parties, allant jusqu'à la bouche et de trois couches de frettes, est prêt à subir son épreuve. »

Nous n'insérerons pas ces extraits, sans dire qu'à notre

avis un tube mince en acier, dont la mise en place et l'extraction n'exigent pas plus de 200 atmosphères de pression, ayant par suite un très faible serrage, ne paraît pas remplir les conditions voulues pour supporter des tirs dont les efforts sont mesurés par 2,500 à 3,000 atmosphères, sur les crushers ou appareils Rodman.

Le système d'artillerie démontable de la Russie n'a fait ses preuves (à notre connaissance, du moins) que pour les mortiers et canons de montagne, où il s'agit d'actions mesurées par des pressions de 1 000 à 1 200 atmosphères, tout au plus. Au delà, des accidents plus ou moins graves ne tarderaient pas, sans doute, à révéler la faiblesse d'un tube mince, presque abandonné à lui-même.

« La Russie a adopté le système de fermeture de culasse Krupp, avec de légères modifications pour tous les calibres, cependant quelques bouches à feu reçoivent maintenant la vis interrompue de la France avec obturateur de Bange (ce sont des canons de 11 pouces pour les côtes, et des canons de montagne).

« Tous les canons du modèle 1877 tirent des projectiles à ceintures de cuivre; la chambre est composée de deux parties cylindriques, *chambre à poudre* et *chambre à projectile*, réunies, entre elles et avec l'âme, par des troncs de cône. Les rayures pénètrent jusque dans la chambre du projectile, mais non dans le cône de la chambre à poudre, elles sont progressives, etc. »

Les affûts tracés par le lieutenant d'artillerie Raskazoff, de la marine russe, et M. Anderson, pour le 12 pouces de 40 tonnes du *Popoff*, sont construits d'après les idées du major Moncrieff, et réunissent toutes les dispositions, tous les perfectionnements, de nature à assurer la simplicité, la solidité et la résistance.

Suit une longue description qui ne serait pas ici à sa place, nous en donnerons seulement l'extrait suivant :

« La nouveauté principale et le détail le plus important qui caractérisent ce modèle c'est le moyen employé pour contenir le recul. Il consiste en une *boîte à soupape* (*valve-box*) qui est placée sur le milieu du tuyau en relation avec les deux cylindres. A travers cette boîte à soupape passe une tige ayant à l'un de ses bouts une soupape conique ordinaire qui bouche l'orifice de cette boîte. L'autre bout de la tige est porté par un guide, dans lequel il glisse librement, pour permettre l'ouverture complète de la soupape. Sur cette tige de soupape on enfile un certain nombre de ressorts plats, maintenus entre un disque arrêté lui-même par un écrou, et une tête mobile sur la tige et reliée par deux chaînes, attachées à son extrémité, avec le tambour qui suit le mouvement du canon. Les ressorts ont une tension initiale, réglée au moyen· de l'écrou de la tige de soupape, et de façon à fermer juste la soupape, lorsque le canon est à la position de tir; mais, aussitôt que le canon commence son mouvement, le tambour, auquel les bouts sont fixés, enroule, en tournant, les chaînes qui appuient la tête de la tige sur les ressorts, à mesure que le canon descend; ainsi se trouve réglée automatiquement la soupape de décharge, de façon à accroître la pression dans les cylindres qui supportent directement l'effort du recul.

« La tension des chaînes est elle-même réglée, suivant les efforts du recul, au moyen de tenseurs placés sur leur parcours.

« Les ressorts ont un peu de conicité et sont trempés et tracés de façon à devenir tout à fait plats, quand leur limite élastique est dépassée; ils résistent ensuite comme un tampon d'acier rigide.

« L'eau des cylindres, pendant le recul, ou quand le canon est mis hors de batterie, s'écoule dans un grand réservoir en communication avec les soupapes d'admission et de décharge. On évite ainsi les grandes longueurs de tuyau.

« Une griffe empêche la plate-forme de tourner au recul. La manivelle, pour la rotation de la plate-forme, est tout près de la manivelle de pointage du canon, de telle sorte que le chef de pièce a sous la main, à la fois, tous les moyens pour diriger et exécuter le tir. (La transmission, venant de la machine pour le mouvement de la plate-forme, agit au pivot.)

« L'accumulateur présente une disposition spéciale : l'air comprimé est emmagasiné dans des tuyaux particuliers, isolés, où il est disponible, pour permettre, au moment du besoin, de tirer plusieurs coups sans avoir besoin de la vapeur. En outre, c'est seulement par les mouvements d'admission et d'expulsion de l'eau de l'accumulateur, sans avoir besoin d'une pompe à air spéciale, que l'air comprimé est introduit dans les tuyaux, où on peut lui donner la pression voulue.

« Les essais de cet affût ont été très satisfaisants.

« Les expériences d'artillerie ont lieu au polygone d'Ochta, près de Saint-Pétersbourg. Le terrain permet les tirs à une distance de 7 milles, et l'artillerie de la marine, comme l'artillerie de terre, y travaillent côte à côte, de telle sorte que chacun des deux services est au courant de ce que fait l'autre. Lors de notre visite, il y avait en batterie un canon de 12 pouces, de 50 tonnes, un de 11 pouces et plusieurs pièces de moindre calibre.

§ 5. — ÉTATS-UNIS.

« Pendant que le reste du Monde suivait les progrès du temps, l'artillerie des États-Unis n'a pas fait un pas. Sa présente condition d'infériorité n'est que le résultat naturel de son inertie.

« Dans sa dernière session, le Congrès ayant alloué des fonds, on a fait les commandes suivantes pour les expériences à entreprendre :

1° *Transformation de cinquante canons de 10 pouces Rodman, lisses, en 8 pouces, rayés, au moyen d'un tube forgé en spirale* (coiled);

2° *Fabrication de deux canons de 12 pouces, en fonte,*

se chargeant par la culasse, l'un d'eux devant recevoir un tube fretté avec des fils d'acier;

3° Fabrication d'un mortier de 12 pouces, en fonte, fretté en acier;

4° Fabrication de deux canons rayés de 12 pouces, en fonte, se chargeant par la culasse, frettés, l'un avec fils d'acier, et l'autre avec des frettes en acier;

5° Tubes, frettes, etc., pour deux canons rayés, en acier, de 8 pouces et de 10 pouces.

« Malgré l'insuffisance des ressources, le chef de l'artillerie, pour la marine, s'est mis en mesure, en s'adressant à l'étranger et à la *Midvale Company*, de fabriquer dans les ateliers de Washington 70 canons en acier, de 3 à 10 pouces, dont les tracés promettent de bons résultats.

« Ils sont établis dans les conditions considérées comme les meilleures par les artilleurs les plus instruits; l'effort longitudinal y est soutenu par un long manchon, et l'effort transversal par des frettes bien disposées.

« Le canon de 6 pouces ($15^c,24$) pèse 11 000 livres (4 983 kilog.).

« Le canon de 8 pouces ($20^c,32$) pèse 27 600 livres (12 503 kilog.).

« D'excellents résultats balistiques ont été obtenus avec un canon de 6 pouces, ainsi construit dans les ateliers de Washington. »

« Depuis l'éclatement de son canon de 10 pouces, le 18 octobre 1881, M. Woodbridge (*) a abandonné le principe même de son système : *les fils d'acier sur un tube en acier;* maintenant il propose d'adopter des barres longitudinales enveloppant un tube et formant ainsi une jaquette discontinue, au lieu de la jaquette tubulaire d'une seule pièce, généralement admise. »

(*) Il ne faut pas confondre cet inventeur avec M. Longridge qui a proposé et essayé le premier le frettage en fil d'acier. M. Woodbridge a imaginé diverses applications de cette idée, dans lesquelles les détails semblent avoir emporté le fond.

Les essais pour l'emploi du frettage en fil d'acier n'en continuent pas moins, et l'auteur donne des tracés officiels, en cours d'étude, qui ne présentent rien de bien intéressant. Les fils d'acier sont placés sur une jaquette qui est elle-même vissée, à l'avant, sur un tube long, et qui porte la fermeture de culasse, à l'arrière. La frette-tourillon est formée de deux enveloppes vissées.

La culasse est du système de la marine française.

CONCLUSIONS.

N'être ni lié, ni assujetti, ni associé (à ses dépens) à l'industrie privée pour les travaux de l'artillerie, comme le sont la Russie, l'Allemagne et l'Angleterre, être indépendant comme la France, tel est le but à atteindre.

Le rapport de la Commission, concluant dans ce sens, a été présenté aux Chambres des États-Unis. Après une longue discussion devant le Sénat, les idées fondamentales en ont été adoptées.

Prenant pour modèle l'organisation qui a si bien réussi à la France : 1° les États-Unis doivent fonder deux grands établissements pour l'usinage des canons, sous la direction d'un corps appartenant au gouvernement ; 2° les industriels doivent être mis en mesure de fournir les matières, en ne recevant d'autre encouragement que la garantie de commandes assez fortes pour l'utilisation de leur outillage et de leur personnel, commandes payées seulement après les épreuves requises.

Les deux établissements de l'État seraient :

L'un, *Watervliet Arsenal, West Troy, New-York*, pour l'armée de terre, sur la rivière d'Hudson et le canal d'Erié, près des chemins de fer de l'Hudson et de la Delaware, en communication facile avec tous les centres de production, à quatre heures et demie par terre, dix heures par eau, de la ville de New-York ;

L'autre, l'*Arsenal de Washington, pour la marine*, dans le district de Columbia, sur la branche orientale du Potomac, qui donne toutes les facilités possibles pour le transport, et peut être facilement relié à la voie ferrée de Pensylvanie.

Les dépenses pour l'installation d'une aciérie industrielle sont évaluées comme il suit, en supposant qu'on y fabrique des plaques de blindage et des blocs pour canons, jusqu'au poids de 100 tonnes :

Fonderie (proprement dite)......	250 000 liv.	6 250 000 fr.
Forges à la presse hydraulique. ...	150 000	3 750 000
Alésage grossier, tournage..	210 000	5 250 000
Trempe.......	50 000	1 250 000
Total......	660 000 liv.	16 500 000 fr.
A ajouter pour la compression à l'état liquide.................	175 000	4 375 000

Les dépenses pour les établissements de l'État (*Gun factories*), ateliers d'usinage, seraient :

Outillage pour canon de 6 pouces....	50 000 liv.	1 250 000 fr.
— — de 6 à 12 pouces.	150 000	4 750 000
— — de 12 à 16 pouces.	350 000	8 750 000
Atelier pour tubage et frettage de 12 à 16 pouces.....................	350 000	8 750 000
Total.......	900 000 liv.	23 500 000 fr.

Il faudrait 3 années pour les constructions et la mise en place de l'outillage; la production annuelle s'élèverait alors à :

50	canons de	6	pouces,
17	—	12	—
16	—	16	— ,

ou l'équivalent en calibres différents, pour une valeur de 2 millions de livres (50 millions de francs).

Les industriels des États-Unis seraient prêts à toute entreprise, n'attendant que des commandes pour leur garantir l'emploi de leurs outils et de leur personnel.

Que les allocations nécessaires soient accordées, et,

d'après l'auteur, « les États-Unis ne resteront pas longtemps dépourvus de tout matériel de guerre ; on verra
bientôt cette nation produire des cuirasses et des bouches
à feu, modèles et exemples, à proposer au monde en-
tier. »

Il est certain que. si les États-Unis sont arriérés, ce
n'est pas faute de science, d'esprit inventif et de hardiesse.

Les Rodman, Holley, Dahlgreen, Parrott, etc., appar-
tiennent à cette nation, et comptent parmi les hommes
dont l'influence a été dominante en artillerie, à notre
époque.

Les espérances de l'auteur pourraient donc n'être pas
de vaines illusions, si les conditions indispensables,
d'autre part, à la création d'un matériel sagement coor-
donné, étaient remplies :

1° Que le congrès accorde les sommes nécessaires pour
constituer les établissements dont nous avons énuméré
les frais ;

2° Et, surtout, que ces ressources soient mises à la
disposition d'un corps d'artilleurs, voué au service de
l'État, compétent et ayant l'autorité voulue.

L'une des conditions n'est pas moins essentielle que
l'autre pour maintenir un gouvernement, vis-à-vis de l'industrie encouragée seulement par des commandes, dans
l'état d'indépendance que la Commission a admiré chez
nous.

Note. — Dans le numéro de l'*Engineer* du 27 février 1885, nous lisons les renseignements complémentaires que voici :

Depuis que le rapport (que nous venons d'analyser, d'après le lieutenant Jacques) a paru, un rapport supplémentaire a été envoyé au Sénat, le 22 décembre 1884.

La Commission, composée des mêmes officiers que précédemment, a été chargée :

1° D'étudier les emplacements pour les arsenaux de la Guerre et de la Marine;

2° De décider si les canons doivent être faits par l'Etat, par l'industrie privée ou par les deux réunis;

3° D'étudier les meilleurs moyens de se procurer l'acier pour les canons.

La Commission a déclaré qu'il était préférable d'avoir un arsenal spécial à l'armée, un autre spécial à la marine; qu'en outre, l'acier devait être tiré des usines du pays.

La Commission se sépara alors en deux sous-commissions, l'une pour l'armée, l'autre pour la marine. Pour la première, on propose Watervliet Arsenal qui serait aménagé d'après les plans de MM. Greenwood et Batley, de Leeds (Angleterre). Les officiers de marine proposent, pour leur arsenal, celui qui existe déjà à Washington, sous le nom de Navy-Yard; il conviendrait toutefois d'acheter du terrain, afin de trouver un sol favorable pour y établir de bonnes fondations. On utilisa pour cette étude les plans des nouvelles usines de l'Amérique. Chaque sous-commission remit une liste de l'outillage nécessaire, avec un devis approximatif.

Il faudra au moins deux ans et 10 000 000 de francs pour bâtir et outiller chacune de ces usines; encore cette somme ne permettra d'avoir que ce qui est strictement nécessaire au début.

Quant à la façon de se procurer de l'acier à canons, la Commission fut aidée dans ses recherches par le secrétaire de l'*American Iron and steel Association*, qui adressa, le 1er novembre 1884, une lettre circulaire à tous les grands fabricants d'acier des Etats-Unis; il leur écrivit que « l'intérêt pris par le Congrès, dans sa dernière session, à la proposition de créer dans le pays la fabrication des canons en acier des modèles nouveaux, était un sûr garant que, dans la prochaine session, il doterait libéralement les Etats-Unis d'une installation appropriée ».

La Commission est d'avis que l'acier à canons doit être produit par le pays; toutefois, l'usine anglaise de Whitworth a reçu la commande de canons de 10 pouces, qui ne peuvent encore être faits en Amérique. Une somme de 75 000 000 de francs est considérée comme suffisante pour couvrir les dépenses relatives à la fabrication, pendant six ans et demi.

La Commission propose d'accorder aux industriels, qui désirent faire des fournitures à l'Etat, un délai de dix-huit mois pour commencer les livraisons relatives aux petits calibres, et de trois ans pour les calibres les plus forts; ils devraient d'ailleurs s'engager à fournir annuellement un certain nombre de pièces de chaque calibre.

Ces délais considérables ont été accordés afin de permettre aux industriels, qui voudraient passer des marchés, de construire les installations nécessaires.

La construction de plaques de blindage a été également proposée.

Il ressort de là que le gouvernement américain prévoit de fortes dépenses pour les lourds canons modernes.

A une époque où l'Angleterre éprouve le besoin de se procurer un grand nombre de canons de gros calibres, et a commencé leur fabrication, la façon d'opérer de nos voisins les Américains ne peut manquer d'exciter l'intérêt,

Paris. — Imprimerie L. Baudoin et Cⁱ, rue Christine, 2.

www.ingramcontent.com/pod-product-compliance
Ingram Content Group UK Ltd.
Pitfield, Milton Keynes, MK11 3LW, UK
UKHW021128140726
13695UKWH00004B/1783